BEI GRIN MACHT SICH IHR
WISSEN BEZAHLT

- Wir veröffentlichen Ihre Hausarbeit,
  Bachelor- und Masterarbeit

- Ihr eigenes eBook und Buch -
  weltweit in allen wichtigen Shops

- Verdienen Sie an jedem Verkauf

Jetzt bei www.GRIN.com hochladen
und kostenlos publizieren

Überzeugt Singers Kritik am Potentialitätsargument in der Abtreibungsdebatte?

Tamari Herding

Bibliografische Information der Deutschen Nationalbibliothek:

Die Deutsche Nationalbibliothek verzeichnet diese Publikation in der Deutschen Nationalbibliografie; detaillierte bibliografische Daten sind im Internet über http://dnb.d-nb.de abrufbar.

ISBN: 9783346579041
Dieses Buch ist auch als E-Book erhältlich.

Druck und Bindung: Books on Demand GmbH, Norderstedt Germany
Gedruckt auf säurefreiem Papier aus verantwortungsvollen Quellen

Das vorliegende Werk wurde sorgfältig erarbeitet. Dennoch übernehmen Autoren und Verlag für die Richtigkeit von Angaben, Hinweisen, Links und Ratschlägen sowie eventuelle Druckfehler keine Haftung.

Das Buch bei GRIN: https://www.grin.com/document/1169074

Universität Paderborn

Fachbereich: Philosophie

Vorlesung: Einleitung in die Ethik

Sommersemester 2012

Hausarbeit

Überzeugt Singers Kritik am Potentialitätsargument in der Abtreibungsdebatte?

Vorgelegt von

Tamari Herding

Studiengang: Zwei-Fach-Bachelor

1. Fach: Philosophie

2. Fach: Komparative Theologie d. R.

1. Fachsemester

Einleitung 2

1. Die *SKIP* Argumente 2

   1.1 Das Speziesargumet 3

   1.2 Das Potentialitätsargument 3

2. Singers Standpunkt zum moralischen Status menschlicher Embryonen 4

   2.1 Speziesargument 5

   2.2 Der Wert des Lebens von Mitgliedern der Spezies Homo sapiens und 5

   Personen 5

   2.3 Singers Kritik am Potentialitätsargument und das Kronprinzargument 6

   2.4 Kritik am Singers Kronprinzargument 7

3. Untersuchung der Arten von Potentialitäten 9

   3.1 Diskussion der Ergebnisse 9

   3.2 Art der Potentialität bei Föten 10

   3.3 Begründung der Arten der Potentialitäten 11

Fazit 13

Literaturverzeichnis: 15

Einleitung

Die vorliegende Arbeit befasst sich mit dem *Potentialitätsargument.* Der Fokus liegt dabei auf den Status der menschlichen Föten in Bezug auf die Abtreibung. Ich gehe der Frage nach, inwiefern die Menschenrechte und -würde sich auf einen Fötus übertragen lassen. In dem Zusammenhang diskutiere ich Peter Singers Kritik am *Potentialitätsargument,* sowie seine Beweisführungen über den Wert des fötalen Lebens.

Im Zentrum des Interesses stehen die folgenden Fragestellungen:

1. Wie argumentieren die Philosophen: Damschen, Schönecker, Schockenhoff, Düwell und Wieland über den Wert der menschlichen Föten?

2. Wie überzeugend sind diese Ansichten für Singer und was sind seine Argumente?

3. Wie überzeugend ist Singers Kritik am *Potentialitätsargument* im Zusammenhang auf den Wert der menschlichen Föten?

Als Erstes werde ich die *SKIP* Argumente zusammenfassen. Im nächsten Schritt werden Singers Ansichten über den Wert des fötalen Lebens und die daraus entstandene Kritik am *Potentialitätsargument* erörtert. Folglich gehe ich auf sein *Kronprinzargument* ein, und analysiere, inwieweit die Potentialität des Kronprinzes mit der Potenzialität des Fötus übereinstimmt. Weiterhin werde ich eine Untersuchung der Arten von Potentialitäten durchführen und abschließend eine Antwort auf die Frage meiner Hausarbeit abgeben, ob Singers Kritik am *Potentialitätsargument* in der Abtreibungsdebatte überzeugt.

1. Die *SKIP* Argumente

Um die Frage zu beantworten, ob menschlichen Föten ein Lebensschutz zusteht und eine Abtreibung zu einem bestimmten Zeitpunkt vertretbar oder zu verbieten ist, sollte zuerst festgestellt werden, ab wann diese als lebendige, menschliche Wesen gelten. In den Debatten um den moralischen Status der Embryonen wird das Thema aus unterschiedlichen Sichtweisen betrachtet, bewertet und beurteilt. Die darin beteiligten Philosophen und andere

Wissenschaftler bringen verschiedene Argumente in den Diskurs und versuchen den Föten den Lebensschutz zu- oder abzusprechen. Die bekanntesten Argumente bei solchen Debatten sind: *Das Speziesargument, das Kontinuumsargument, das Identitätsargument* und *das Potentialitätsargument,* kurz – *SKIP* Argumente: „Es sind all dies Argumente, die jeweils für sich oder auch in Verknüpfung begründen sollen, daß Embryonen jedenfalls mehr sind als bloße Zellhaufen."[1]

Diese Argumente bauen aufeinander auf und begründen einen moralischen Status der Embryonen. Die stärksten *SKIP* Argumente sind das *Spezies-* und das *Potentialitätsargument.*

1.1 Das Speziesargumet

Eine wesentliche Rolle unter den auf der Abtreibungsdebatte vorgebrachten Argumente spielt *das Speziesargment.* Es besagt, dass die Embryonen als Mitglieder der *Spezies Homo sapiens* Menschen sind. Somit besitzen sie die Würde: „[...] jedes menschliche Individuum erhebt von sich aus einem unbedingten Anspruch auf Anerkennung in seinem individuellen Sosein, der allein in seiner Zugehörigkeit zur biologischen Spezies gründet."[2]

Diese biologische Zugehörigkeit steht ab dem Zeitpunkt fest, nachdem sich die menschlichen Ei- und Samenzellen vereinigen. Das ist der „Beginn der vollen Schutzwürdigkeit des individuellen Menschenlebens".[3]

1.2 Das Potentialitätsargument

Das Zweite von den wichtigsten Argumenten zur Begründung des moralischen Status der Embryonen ist *das Potentialitätsargument.* Demnach haben die Embryonen das Potential dazu, Menschen zu werden. Diese Potentialität ist uneingeschränkt schützenswert.

---

[1] Damschen, Gregor / Schönecker, Dieter: Argumente und Probleme in der Embryonendebatte – ein Überblick. In: Damschen, Gregor / Schönecker, Dieter (Hrsg.): Der moralische Status menschlicher Embryonen. Pro und contra Spezies-, Kontinuums-, Identitäts- und Potentialitätsargument. Walter de Gruyter GmbH & Co. KG, Berlin/New York. 2003. S.1.

[2] Schockenhoff, Eberhard: Pro Speziesargument: Zum moralischen und ontologischen Status des Emryos. In: Damschen, Gregor / Schönecker, Dieter (Hrsg.): Der moralische Status menschlicher Embryonen. Pro und contra Spezies-, Kontinuums-, Identitäts- und Potentialitätsargument. Walter de Gruyter GmbH & Co. KG, Berlin/New York. 2003. S.11

[3] Ebd.

4

In „In dubio pro embryone – Das Potentialätsargument" von Damschen und Schönecke wird ausgeführt, dass die Embryonen potentielle Wesen mit ø-Eigenschaften[4] sind. Sie tragen zwar akut noch keine Eigenschaften, die sie vor dem Töten schützten könnten; dennoch können sie sich – in einer absehbaren Zeit unter normalen Umständen – zu einem solchen Wesen entwickeln. Daher sind sie genauso schützenswert, wie die Wesen, die die ø-Eigenschaften bereits besitzen: „Da Embryonen Wesen sind, die die Eigenschaften potentiell haben, dürfen sie also prima facie nicht getötet werden".[5]

Wenn wir folglich diese beiden Argumente, dass der Fötus ein menschliches Wesen ist und in sich das Potential trägt „in Zukunft würdestiftende Eigenschaften zu realisieren"[3] zweifellos annehmen, dann sollte man den Föten aufgrund der biologischen Artzugehörigkeit und der Potentialität zum Menschenwerden einen uneingeschränkten Lebensschutz zugestehen.

Dennoch, die Gegner – und darunter auch Peter Singer – lassen sich von solchen Erklärungen nicht beeinflussen und bringen mehrere Contra-Argumente, um den Föten das Menschenrecht abzusprechen. Ich werde in dem Zusammenhang nur auf Singers Position eingehen und seine Beweisgründe, die Abtreibung sei moralisch vertretbar, darstellen.

2. Singers Standpunkt zum moralischen Status menschlicher Embryonen

Singer vertritt die Meinung, dass ein Schwangerschaftsabbruch vorgenommen werden sollte, wenn die Mutter es sich wünscht. Die Gründe und die Motivation zur Abtreibung können dabei vielfältig sein, so z. B. eine ungewollte Schwangerschaft, ein dadurch verursachtes Lebensrisiko für die Mutter, vorhersehbare Krankheiten bzw. Behinderung des Kindes usw. Ausgehend vom Utilitarismus, welcher besagt, dass das Glück zu vermehren und das Leid zu vermeiden sei, besteht Singer sogar darauf, dass ein Schwangerschaftsabbruch vorzunehmen, wenn die Möglichkeit besteht, dass das Kind einen genetischen Fehler haben, behindert

---

[4] „Mit den ø-Eigenschaften sind Eigenschaften gemeint, aufgrund deren wir ihre Träger unter normalen Umständen nicht töten dürfen". Fußnote 2. Honnefelder, Ludger: Pro Kontinuumsargument: Die Begründung des moralischen Status des menschlichen Embryos aus der Kontinuität der Entwicklung des ungeborenen zum geborenen Menschen. In: Damschen, Gregor / Schönecker, Dieter (Hrsg.): Der moralische Status menschlicher Embryonen. Pro und contra Spezies-, Kontinuums-, Identitäts- und Potentialitätsargument. Walter de Gruyter GmbH & Co. KG, Berlin/New York. 2003. S. 62.
[5] Damschen, Gregor / Schönecker, Dieter: In dubio pro embryone. Neue Argumende zum moralishen Status menschlicher Embryonen. In: Damschen, Gregor / Schönecker, Dieter (Hrsg.): Der moralische Status menschlicher Embryonen. Pro und contra Spezies-, Kontinuums-, Identitäts- und Potentialitätsargument. Walter de Gruyter GmbH & Co. KG, Berlin/New York. 2003. S. 222.
[3] Ebd.

sein, oder ein elendes Leben führen könnte. Es müsse ja dafür gesorgt werden glückliche Kinder auf die Welt zu bringen und nicht umgekehrt. Singer hält es somit für richtig lieber „[…] kein Kind zu zeugen, das zu einem elenden Leben verdammt ist".[6]

2.1 Speziesargument

Nur eine rein biologische Artzugehörigkeit und die Zugehörigkeit zu den *Spezies Homo sapiens* ist aus Singers Sicht kein Grund dafür dem Fötus einen Lebensschutz zuzuschreiben. Analog zum Rassismus oder Sexismus, vertritt der Speziesismus die Auffassung, dass die Interessen der Mitglieder einer bestimmten Spezies stärker zu gewichten sind, als die Interessen der Vertreter anderer Spezies. „Der Begriff „menschlich" fortan allgemein in der ersten Bedeutung zu gebrauchen und daraus zu folgern, daß der Fötus ein menschliches Wesen und ein Schwangerschaftsabbruch unmoralisch sei, würde nicht genügen."[7]
Singer betont, dass die Zugehörigkeit zu einer bestimmten Spezies, kein moralischer Grund ist, dieses Wesen anders zu behandeln als alle anderen. Somit ist das *Speziesargument* für ihn ungültig.

2.2 Der Wert des Lebens von Mitgliedern der Spezies Homo sapiens und Personen

Singer zufolge ist die Zugehörigkeit zu der Gattung „Mensch" kein moralischer Grund, den Föten einen Lebensschutz einzuräumen. Es stellt sich die Frage, auf wessen Leben aus seiner Sicht überhaupt einen Wert zu legen ist.
Um diese Frage beantworten zu können, soll im nächsten Schritt ein Einblick in seine Definition von „Mensch" erfolgen.
Singer macht deutliche Unterschiede zwischen dem *Menschen* als nur *Mitglied der Spezies Homo sapiens* und der *Person*. Der Erste ist rein biologisch zur Spezies Menschen (kurz *Mensch*) zugehörig und der Zweite ist ein selbstbewusstes und rationales Wesen, mit einer Vergangenheit und einer Zukunft. Nach Singer ist jeder Mensch ein Mitglied der *Spezies*

---

[6] Singer, Peter: Praktische Ethik. Philipp Reclam jun. GmbH & Co. KG, Stuttgart.1984. S. 141.
[7] Singer, Peter: Praktische Ethik. S. 119.

Homo sapiens, aber nicht jeder *Mensch* ist eine *Person*. Weil eine *Person* fähig ist „ Wünsche hinsichtlich seiner eigenen Zukunft zu haben", und die *Menschen* unfähig sind „sich selbst als in der Zeit existierend zu begreifen", findet er „[...] die Tötung einer Person unter gewissen Bedienungen für schwerwiegender zu halten als die Tötung eines nichtpersonalen Wesens".[8]

Das Töten einer *Person* würde demnach bedeuten, sie darin zu behindern, ihre Wünsche zu verwirklichen und sie des zukünftigen Glücks zu berauben. *Menschen* dagegen haben keine Zukunftspläne und Wünsche. D. h., es ist kein Verstoß gegen ihr Interesse, wenn sie schmerzlos getötet werden.

Aber was bedeutet das für die Föten?

Singer ordnet die Föten eindeutig zur Kategorie *Menschen* ein, da diese über kein Bewusstsein verfügen und ebenfalls keine Wünsche und Interesse am Weiterleben haben. Aufgrund dessen findet er ein schmerzloses Töten der Föten, falls die Mutter sich dafür entscheidet, akzeptabel. Aus seiner Sicht haben Föten nicht die gleichen Werte wie *Personen* und somit keine Rechte aufs Leben:

> *Ich schlage vor, dem Leben eines Fötus keinen größeren Wert zuzubilligen als dem Leben eines nichtmenschlichen Lebewesens auf einer ähnlichen Stufe der Rationalität, des Selbstbewusstseins, der Bewußtheit, der Empfindungsfähigkeit usw. Da kein Fötus eine Person ist, hat kein Fötus denselben Anspruch auf Leben wie eine Person.*[9]

Demzufolge gilt „nur eine Person, könnte ein Recht auf Leben haben"[10] und da die Föten keine Personen sind, hat deren Leben keinen moralischen Wert.

2.3 Singers Kritik am Potentialitätsargument und das Kronprinzargument

Wie bereits im 1. Kapitel geschildert, gibt es in den Abtreibungsdebatten zwei ausschlaggebende Argumente für die Begründung des Lebensrechtes der Föten. Im Kapitel 2.1. wurde bereits erörtert, dass das *Speziesargument* im Zusammenhang mit fötalem Leben für Singer moralisch neutral ist. Im nächsten Schritt wird sein Standpunkt zum

[8] Ebd. S. 125.
[9] Ebd. S.197.
[10] Ebd. S.131.

Potentialitätsargument dargestellt.

Zwar bestreitet Singer nicht, dass der Fötus biologisch gesehen ein menschliches Wesen ist, und in sich das Potential trägt sich zu einer *Person* zu entwickeln, dennoch setzt er *potentiell* nicht gleich mit *aktuell.* Er hält es aus moralischer Sicht nicht für wichtig, was aus einem Fötus später wird, sondern richtet vielmehr den Fokus auf seine aktuellen Eigenschaften und Fähigkeiten. Auf dem potentiellen X kommen nach Singers Auffassung nicht die gleichen Werte und Rechte von X. Das heißt, eine potentielle *Person* genießt nicht die Rechte einer bereits bestehenden *Person* „[...] außer es kann ein spezifischer Grund angegeben werden, warum dies in diesem besonderen Fall gelten soll."[11]

Singer ist der Überzeugung, es gebe keinen Grund dafür, welcher seine Kritik am *Potentialitätsargument* widerlegen könnte. Als Krönung dessen formuliert er sein berühmtes *Kronprinzargument*: „Prinz Charles ist der potentielle König von England, aber er besitzt nicht die Rechte eines Königs".[12]

Damit, ob und wie überzeugend seine Kritik am *Potentialitätsargument* und sein *Kronprinzargument* im Zusammenhang mit dem Wert des fötalen Lebens sind, befasse ich mich in den nächsten Kapiteln.

2.4 Kritik am Singers Kronprinzargument

Wie bereits dargestellt, besagt das *Kronprinzargument*, dass Prinz Charles zwar ein Nachfolger von Königin Elisabeth II und der potentielle König von England ist, dennoch trägt er aktuell lediglich den Status eines Kronprinzen. Als solcher besitzt er nicht die Rechte eines Königs.

Es ist unumstritten, dass dem Kronprinzen keine königlichen Rechte zukommen, solange er nur ein potenzieller König ist. In dem Zusammenhang klingt Singers *Kronprinzargument* zunächst logisch und sehr überzeugend. Dennoch stellt sich die Frage, ob ein auf Logik basierender Satz für die Begründung der normativen Sätze geeignet ist, ohne ihn inhaltlich zu untersuchen. Da dies zweifelhaft erscheint, werfe ich einen Blick hinter die Logik.

In seinem Buch „Bioethik" legt Marcus Düwell die Formulierung vom *Kronprinzargument* als nur einen Hinweis auf die Unterschiede aus, die zwischen dem Status von aktuellem und

---

[11] Ebd. S. 200.
[12] Ebd. S. 199.

zukünftigem König von England bestehen. Dies schließt aber nicht aus, „[...] dass dem Kronprinz ein Status zukommt, der sich wiederum von dem seines Kammerdieners unterscheidet."[13]

Wenn man Düwells These annimmt, dann bedeutet das, dass der Unterschied zwischen aktueller und potentieller *Person* nur im Status besteht. Das heißt wiederum, dass auch Föten Rechte haben, diese sind nur einer anderen Art.

Zwar verschafft dieser Hinweis im Hinblick auf die Menschenwürde der Föten eine andersartige und kritischere Sicht auf Singers *Contra-Potentialitätsargument,* aber er liefert noch immer keine Antwort auf die von mir gestellte Frage. Also gehe ich der Fragestellung weiter nach.

Nachdem ich mich für das Thema entschieden und mich damit auseinandergesetzt habe, fiel mir als Erstes auf, dass es fragwürdig ist, ob in den beiden Fällen, bei dem Kronprinzen und bei den Föten, dieselbe Potentialität gemeint ist. Schließlich wurde mir klar, dass die Unterschiedlichkeit der Potentialitäten hierbei eindeutig ist. Die Bestätigung meiner Überlegungen, dass man sich zuerst die unterschiedlichen Bedeutungen des Ausdrucks „*Potentialität*" vor Augen führen sollte, bevor man versucht, etwas damit zu begründen, fand ich im „Pro Potentialitätsargument" von Wolfgnag Wieland. Er weist darauf hin, dass der Ausdruck „Potentialität", wie auch die Modalbegriffe in der Umgangssprache häufig unklar verwendet werden und dabei übersehen wird „[...] daß dieser Ausdruck vieldeutig ist und für unterschiedlich strukturierte Modalfaktoren stehen kann".[14]

Diese vielzählige Auswahl von unterschiedlich strukturierten Modalbegriffen kann irreführend sein, wenn man die Unterschiede nicht klar erkennt.

In der Tat bleibt manchmal verdeckt, daß es nicht immer derselbe Potentialitätsbegriff ist, von dem seine Befürworter und seine Gegner Gebrauch machen. So bleibt die Frage, ob einer dieser Begriffe geeignet ist, in einen Satz einzugehen, der durch eine legitimierungsfähige Ausweitung des Basissatzes gewonnen wird.[15]

---

[13] Düwell, Marcus: Bioethik: Methoden, Theorien und Bereiche. Metzler'sche Verlagsbuchhandlung und Carl ernst Poeschel Verlag GmbH, Stuttgart. 2008. S. 110.
[14] Wieland, Wolfgang: Pro Potentialitätsargument: Moralfähigkeit als Grundlage von Würde und Lebensschutz. In: Damschen, Gregor / Schönecker, Dieter (Hrsg.): Der moralische Status menschlicher Embryonen. Pro und contra Spezies-, Kontinuums-, Identitäts- und Potentialitätsargument. Walter de Gruyter GmbH & Co. KG, Berlin/New York. 2003. S. 155.
[15] Ebd. S. 156.

3. Untersuchung der Arten von Potentialitäten

Da ich Wolfgang Wieland zustimme und annehme, dass die unterschiedlichen Arten der Potentialitäten nicht zu ignorieren sind, befasse ich mich im nächsten Schritt mit der Frage, inwiefern sich die im *Kronprinzargument* angesprochene Potentialität und die Potentialität des Fötus gleichen, bzw. voneinander unterscheiden. Darauffolgend untersuche ich, inwieweit Singers *Contra Potentilitätsargument* überzeugt.[16]

3.1 Diskussion der Ergebnisse

Zur Beantwortung der Frage dieser Arbeit gilt das *Kronprinzargument* als *Contra-Potentialitätsargument* genauer zu untersuchen. Der Fokus ist dabei auf die Art der Potentialität beim Kronprinzen zu richten. Woraus besteht sie und welche Bedeutung trägt sie? Um dies zu ermitteln, muss zuerst die Frage gestellt werden, wann der Zustand von Prinz Charles als potenzieller König zu Ende geht und somit das Erwerben der Rechte eines Königs möglich wird. Kurz: Wann besteht die Möglichkeit aus dem Zustand eines potenziellen Königs herauszukommen?

Das hängt von verschiedenen Faktoren ab, die sich in seinem Leben ereignen bzw. die es auf eine gewisse Weise beeinflussen. So kann beispielsweise die Mutter vom Prinz Charles und

---

[16] Aufgrund dessen, dass ich mich in der vorliegenden Arbeit nur mit dem Potenialitätsargument befasse, möchte hier nur kurz und am Rande meine Stellung bezüglich Singers Trennung zwischen dem Menschen und Personen darlegen. Diese besteht darin, dass mich das Trennen von Menschen in „Mitglieder der Homo sapiens" und Personen nicht überzeugt. Meine Gründe dafür sind:
a) Die Personwerdung ist ein langer Entwicklungsprozess, der stufenweise abläuft. Es ist schwer festzustellen, wann ein Mensch absolut eine Person (nach Singers Auffassung) ist. Ein drei jähriges Kind hat zwar Wünsche und Interessen, aber es kann immer noch nicht unterscheiden zwischen „vor einer Woche" und „vor einem Monat". Es kennt sich (idealerweise) nicht mit dem Tod aus. Somit hat es auch kein direktes Interesse am Weiterleben.
b) Umgekehrt tragen auch Personen das Potential in sich (wieder) ein Mensch zu werden, z.B. mancher älteren Menschen. Sie haben zwar Lebensinteresse, aber es könnte sein, dass aufgrund des Alters das Ichbewusstsein stark nachlässt, sodass man sich fragen sollte, unter welche Kategorie nach Singer sie fallen.
Da alles im Leben individuell abläuft, ist es, meiner Auffassung nach, schwer zu definieren, ab und bis wann ein Mensch eine vollkommene Person ist. Es gibt immer Zwischenphasen, die die Menschen nah oder auch fern vom Personsein führen. Diese Zwischenphasen sind unergründbar. Und da laut Singer nur Personen das Recht auf Leben haben, bleibt die Frage, ab wann, bis wann und wem überhaupt das Personenrecht zusteht, offen.
Die Frage, ob die Trennung von Menschen und Personen richtig oder falsch ist, verfolge an dieser Stelle, wie erwähnt nicht mehr weiter. Dennoch möchte ich darauf hinweisen, dass ich bei der Untersuchung des Potentialitätsargumentes keine Unterschiede zwischen den beiden Begriffen mache, indem ich in das Fötus sowohl einen potenziellen Menschen als auch eine potenzielle Person sehe.

die Königin von England, Elisabeth II sich überlegt, in Ruhestand zu gehen und ihrem Sohn die Krone zu überlassen. Ferner ist es möglich, dass durch ihren Tod Prinz Charles zum König wird und so sein Lebensabschnitt als nur potenzieller König zu Ende geht. Ebenfalls nicht auszuschließen ist die Möglichkeit, dass obwohl er ein Nachfolger der Königin ist, Prinz Charles nicht zum König von England wird und stattdessen sein Sohn Prinz William die Krone übernimmt. In diesem Fall bleibt er auf längere Sicht ein potenzieller König und es wird ihm kaum jemals gelingen, die Rechte eines Königs zu erlangen. D.h., dass die Potentialität bei Kronprinzen ein König zu werden stets von irgendetwas oder irgendjemandem abhängig ist. Es bleibt fraglich, ob dies je eintrifft, da die Chancen darüber 50/50 bestehen, ob der Kronprinz zum König wird, oder nicht. Dass diese Art von Potenzialität situationsbedingt ist, zeigen auch die Beispiele von modernen monarchischen Ländern, wie Niederlanden, Dänemark, Schweden, Norwegen, England und Spanien. Man muss gar kein geborener Prinz oder keine Prinzessin sein, um in sich das Potential zu tragen, einmal ein König oder eine Königin zu werden, und somit königliche Rechte zu erlangen. Dazu reicht es vollkommen aus, die Chance zu bekommen, der Gemahl oder die Gemahlin eines Prinzen oder einer Prinzessin zu werden. Somit nimmt diese Art von Potentialität eine ganz andere Bedeutung, als die Potenzialität der Föten zum Menschenwerden. Warum das so ist, damit befasse ich mich in dem folgenden Kapitel.

3.2 Art der Potentialität bei Föten

Da die Föten keine *aktuellen,* sondern nur *potentielle Personen* sind, findet Singer, dass dem Fötus genauso wenig Personenrechte zustehen, wie dem Prinz Charles die Rechte eines Königs. Dennoch, haben wir an dieser Stelle wirklich die gleiche Art von Potentialität, wie beim Kronprinzen? Wenn nicht, mit welcher Art von Potentialität haben wir bei den Föten zu tun und lässt sich dieser Begriff in diesem Zusammenhang überhaupt anwenden? Wenn wir Singers Contra-Potentialitätsargument in exakt gleicher Form auf die Föten beziehen, so wird es schnell deutlich, dass diese Art von Potentialität hierauf nicht ohne Weiteres anwendbar ist. Der Grund dafür ist der Folgende: Im Unterschied zu einem Kronprinzen, ist für einen Fötus die Aussicht darauf, einmal ein Mensch zu werden, unter günstigen Umständen sehr gut, denn die Menschwerdung ist für ihn nicht chancen- und situationsabhängig.

Stellt man sich die Frage, um was für eine Art von Potentialität es sich in Bezug auf Föten handelt, so ergibt sich Folgendes:

Die Tatsache, dass die Föten nicht bewusst auf die Chancen warten, eines Tages ein Mensch zu werden und somit die Menschenrechte zu erlangen, ist klar. Dessen ungeachtet, läuft alles normal, so kommt es nach dem Ablauf der vorbestimmten Zeit, die die Natur zum Leben im Mutterleib vorgesehen hat (etwa 267 Tage) zur natürlichen Geburt eines Menschen. Der ehemalige Fötus beginnt ein Leben als Mensch auf der Welt. Eben dieser natürliche Ablauf der Dinge liefert uns eine Antwort auf die Frage, worin die Potentialität der Föten besteht: In einem natürlichen Prozess der Entwicklung vom biologischen Körper zur Artzugehörigkeit.

Die Potentialität der Menschwerdung ist somit ein natürlicher Prozess der Entwicklung. Es ist ein notwendiger, von Natur so bestimmter Entwicklungsweg zur Artzugehörigkeit. Und genau diese Art vom Entwicklungsprozess bringt die Föten in einen unumgänglichen Zustand *potentiell* und nicht *aktuell* zu sein.

3.3 Begründung der Arten der Potentialitäten

Die Untersuchung der Arten der Potentialität des Fötus hat uns zum dem Endschluss geführt, dass es sich hierbei um einen von Natur aus so bestimmten Potentialzustand handelt, welcher für das Wachstum und für die natürliche Entwicklung zur Artzugehörigkeit notwendig ist. Diesen unvermeidbaren Potentialitätszustand gehen alle Wesen durch, die aus der Natur hervorgehen. Aus einer Mohnblumensame wächst eine Mohnblume, aus einer keimenden Eichel wächst eine Eichel und es wurde noch kein Küken geschlüpft, ohne dass es zuerst in einem Ei war. Analog dazu, wurde bislang noch kein Mensch geboren, der zum Zeitpunkt der Geburt bereits eine *Person* war.

Es ist von und in der Natur so angelegt, dass alle Lebewesen sich von klein an entwickeln und wachsen, bis sie ein vollwertiger Teil ihrer Gattung werden. Es ist ein notwendiger Entwicklungsprozess, welcher auch die Föten als potenzielle Menschen betrifft. Eben diese notwendige und natürliche Potentialität sehe ich als Antwort auf Singers Frage, um was für einen besonderen Fall und um welchen Grund es sich handeln sollte, zwecks dessen Föten mehr Personenrechte zuzugestehen wären, als der englische Kronprinz über die Rechte eines Königs verfügt. Da ich den von Natur bestimmten bzw. „gewollten" Entwicklungsprozess aufgrund seiner Unvermeidbarkeit als einen besonderen Vorgang betrachte, führe ich im nächsten Schritt weitere Argumente auf, die Singers Position als wenig überzeugend entlarven.

Wie es deutlich wurde, haben wir bei den Föten ganz klar mit einer notwendigen und von Natur aus bestimmter Potenzialität zu tun, welche bei den Kronprinzen nicht festzustellen ist. Demzufolge halte ich es für fraglich, ob der Begriff *Potentialität* in Bezug auf die Föten überhaupt anwendbar ist. Wenn ja, dann gewiss nicht ohne eine genaue Definition und Unterscheidung zwischen den Arten der Potentialitäten. Unseren Beispielen folgend gilt es zwischen zwei Arten von Potentialitäten zu unterscheiden:

a) Eine nicht durch die Natur bestimmte Potentialität, als situationsbedingte Möglichkeit (wie z. B. beim Kronprinzen)
b) Eine durch die Natur bestimmte und bedingte Potentialität, als ein notwendiger Vorgang mit dem Ziel und der Fähigkeit zur Entwicklung (wie z. B. bei den Embryonen)

Weil Prinz Charles als Kronprinz geboren wurde, ist er ein potentieller König und sein Potentialitätszustand ist durch die Situation bedingt. Der Potentialitätszustand der Föten, wie ich ihn im Kapitel 3.2 ergründet habe, ist durch die Natur bestimmt. In den beiden Fällen handelt es sich um einen Potentialitätszustand, die zwar unvermeidbar, dennoch verschiedenartig sind. Die Unterschiede zwischen ihnen sind die Folgenden:

a) unnatürlicher Potentialitätszustand (situationsbedingt, wie bei den Prinzen)
b) natürlicher Potentialitätszustand (naturbedingt, wie bei den Föten)

Der natürliche Potentialitätszustand (b) wird unter störungsfreien Umständen mit hoher Wahrscheinlichkeit zu Ende gehen: „Wenn nichts von außen hindert, durch sich selbst sein wird" (Aristoteles, 1991, Kap.7, 1049a10)[18] Über einen unnatürlichen Potentialitätszustand (a) können wir dasselbe aufgrund seiner Situationsabhängigkeit nicht mit Gewissheit sagen. (a) ist ein unvermeidbarer Zustand, die alle Lebewesen durchgehen müssen, ob *in Vivo* oder *in Vitro*. Beim (b) hingegen können wir keinen natürlichen Potentialitätszustand feststellen, was seinen Ausweg aus dem Selbigen fraglich macht. Die Natur bestimmt hierbei nicht mit, ob und wann Prinz Charles zum König wird und die Rechte eines Königs erlangt. Diese Art von Potentialität wird durch äußere Faktoren beeinflusst und in einer gegebenen Situation ausgelöst, wie es im Falle der modernen Monarchien stattfindet.

---

[18] Schockenhoff, Eberhard: Pro Speziesargument: Zum moralischen und ontologischen Status des Emryos. S. 29.

Fazit

Zur Beantwortung der Frage, ob Peter Singers Kritik am Potentialitätsargument in der Abtreibungsdebatte überzeugt, habe ich zuerst die *SKIP* Argumente, speziell das *Spezis-* und *Potentialitätsargument* kurz zusammengefasst. Danach befasste ich mich mit Singers Standpunkten zu Schwangerschaftsabbruch und *Speziesargument*, sowie mit der Definition der *Menschen* und *Personen*. Des Weiteren ging ich auf sein *Contra-Potentialitätsargument* ein. Anschließend wurden die Arten der Potentialitäten – die des Kronprinzen und die der Föten – unter die Lupe genommen, genau definiert und untersucht.

In der vorliegenden Arbeit wurde deutlich, dass es sich in den beiden Fällen um zwei unterschiedlichen Arten von Potentialitäten handelt. Diese habe ich in a) einer nicht von Natur bestimmten Potentialität, als situationsbedingte Möglichkeit und in b) einer von Natur bestimmten Potentialität, als ein notwendiger Vorgang mit der Fähigkeit zur Entwicklung aufgeteilt. Des Weiteren habe ich diese Potentialitäten in zwei unumgängliche Potentialitätszustände, in einem a) unnatürlichen Potentialitätszustand und in b) einem natürlichen Potentialitätszustand eingegliedert.

Es war festzustellen, dass Prinz Charles sich situationsbedingt in einem Potentialitätszustand befindet und dass es daher unklar ist, ob aus ihm als einem potentiellen König einmal ein König wird. Demgegenüber ist bei den Föten einen natürlichen Entwicklungsprozess zu verzeichnen, der zum unvermeidbaren Zustand führt, auf einer Entwicklungsstufe nicht *aktuell*, sondern nur *potentiell* zu sein. Jedoch, unter günstigen Umständen ist ein Ende des Potentialitätszustandes ebenso unvermeidbar, wie dieser Zustand selbst.

Die Feststellung der Unterschiede in der Definition von *Potentialität*, sowie die Untersuchung ihrer Arten führen zum Fazit, dass eine situationsbedingte Potentialität und das davon abgeleiteten *Contra - Potentialitätsargument* keine Schlüsse über die natürliche Potentialität erlauben.

Diese Ergebnisse liefern keine Antwort darauf, ob und ab wann den Föten menschliche Rechte und einen Lebensschutz zustehen. Allerdings machen sie ersichtlich, dass das *Contra-Potentialitätsargument* lediglich als bloße logische Formulierung überzeugt. In dieser Form lässt es sich jedoch nicht auf die Föten anwenden und es ist ebenso wenig zur Begründung vom Wert des fötalen Lebens geeignet.

Es ist unumstritten, dass in manchen Fällen eine Abtreibung notwendig ist. Sei es Aufgrund der Krankheit des Kindes oder der Mutter, eine ungewollte Schwangerschaft, ausgelöst durch eine Vergewaltigung, soziale Probleme, oder voraussichtliche Behinderung des Kindes. Wenn solche individuelle Fälle eine ethische Zulässigkeit brauchen, dann sollte in den Begründungen die Natur nicht außer Acht gelassen werden. Beim Argumentieren darüber, dass eine Abtreibung moralisch vertretbar ist, nur weil die Föten noch keine *aktuellen Personen* sind, sollten die Argumente auf die von Natur bestimmte Potentialität basieren und sich nicht von unnatürlicher Potentialität ableiten.

Folglich komme ich zum Ergebnis, dass Singers *Kronprinzargument,* als Kritik am *Potentialitätsargument* zur Begründung des moralischen Status der Föten nicht verwendbar und somit nicht überzeugend ist.

Literaturverzeichnis:

Damschen, Gregor / Schönecker, Dieter: Argumente und Probleme in der Embryonendebatte – ein Überblick. In: Damschen, Gregor / Schönecker, Dieter (Hrsg.): *Der moralische Status menschlicher Embryonen. Pro und contra Spezies-, Kontinuums-, Identitäts- und Potentialitätsargument. Walter de Gruyter GmbH & Co. KG, Berlin/New York.* 2003.

Damschen, Gregor / Schönecker, Dieter: In dubio pro embryone. Neue Argumende zum moralishen Status menschlicher Embryonen. In: Damschen, Gregor / Schönecker, Dieter (Hrsg.): Der moralische Status menschlicher Embryonen. Pro und contra Spezies-, Kontinuums-, Identitäts- und Potentialitätsargument. Walter de Gruyter GmbH & Co. KG, Berlin/New York. 2003.

Düwell, Marcus: *Bioethik : Methoden, Theorien und Bereiche.* Metzler'sche Verlagsbuchhandlung und Carl ernst Poeschel Verlag GmbH, Stuttgart. 2008.

Honnefelder, Ludger: *Pro Kontinuumsargument: Die Begründung des moralischen Status des mensclichen Embryos aus der Kontinuität der Entwicklung des ungeborenen zum geborenen Menschen.* In: Damschen, Gregor / Schönecker, Dieter (Hrsg.): *Der moralische Status menschlicher Embryonen. Pro und contra Spezies-, Kontinuums-, Identitäts- und Potentialitätsargument.* Walter de Gruyter GmbH & Co. KG, Berlin/New York. 2003.

Schockenhoff, Eberhard: *Pro Speziesargument: Zum moralischen und ontologischen Status des Emryos.* In: Damschen, Gregor / Schönecker, Dieter (Hrsg.): *Der moralische Status menschlicher Embryonen. Pro und contra Spezies-, Kontinuums-, Identitäts- und Potentialitätsargument.* Walter de Gruyter GmbH & Co. KG, Berlin/New York. 2003.

Singer, Peter: *Praktische Ethik.* Philipp Reclam jun. GmbH & Co. KG, Stuttgart.1984.

Wieland, Wolfgang: *Pro Potentialitätsargument: Moralfähigkeit als Grundlage von Würde und Lebensschutz.* In: Damschen, Gregor / Schönecker, Dieter (Hrsg.): *Der moralische Status menschlicher Embryonen. Pro und contra Spezies-, Kontinuums-, Identitäts- und Potentialitätsargument.* Walter de Gruyter GmbH & Co. KG, Berlin/New York. 2003.